I0557161

www.ingramcontent.com/pod-product-compliance
Lightning Source LLC
Chambersburg PA
CBHW081216170626
46811CB00010B/3316

* 9 7 8 6 0 0 8 2 4 6 0 1 5 *

اول صفحه، مدحِ الله‌ات است.

آن که بی‌پیرایه، ترا بازآورد به خویش.

«اناالله و انا الیه راجعون»

دومِ صفحات، ربّ را پاسخ گویی:

بِه‌نگریستن، کارِ اولیاء است.

بِه‌نگریند، به حافظِ راه.

سوم آن که، بی مکرِ الله، راه نروند که:

خیرالماکرینت، ترا بی مکر، نِشانده است.

چهارمِ صفحات، بی خیر خواستنِ برِ دیگران،
املاء نکنید، برگه‌ای را:
باشد که برکتش، بر همه، «آن» بنشاند.
«آن» لغتی است خاص اولیاء:
بَرنِشیند، بر همگان و بنشانَد کلمه را.

پنجمِ احسنتِ ماکران، همینست که،
بسپارند به اهلش، راهِ مکان‌دار و زمان‌داری که،
فرایی باشد از آن سوی مرزهای ارض‌تان.

« یا حق »

نام کتاب: نکته سنجی از یک گفت

گفت و شنید حافظ

برداشتی ازغزل: الایاایهاالساقی ادرکاساً وناولها

نویسنده: الهه عبدالهی

سال: ۱۳۹۵

انتشارات: کتاب ایرانیان

تلفن: ۲۲۷۲۷۲۴۷ - ۲۲۷۲۷۲۴۸

شابک: ۵-۰۱-۸۲۴۶-۶۰۰-۹۷۸

طراحی جلد و صفحه آرایی: لیتوگرافی افست گرافیک

تلفن: ۸۸۸۵۲۶۸۲-۸۸۸۹۰۱۷۲

ایران. تهران.

ISBN: 978-600-8246-01-5

Published by Ketab(Book) Iranian Publications

Viber & Telegram: +98 912 3108615

Tehran.Iran

2016

نکته‌سنجی از یک گفت‌وشنید حافظ

الهه عبدالهی

برداشتی از غزل :

الا یا ایها الساقی، اَدِرْ کاساً و ناوِلها

بنا را بر آن داشته‌ام که حافظ، راهی،

بی اذنِ الله‌اش، نپیموده و

سر، بر سرِ آستانش فرود آورده بوده؛

پس زین مقدار،

اندک، بچشیدم و راهش برایم نمودار شد.

آورده‌اند که بی‌مقداری، به دنبال قدرش می‌شد.

در راه، کوزه‌ای بر سر راهش، بنشسته دید.

آن بی مقدار، لذتِ قَدرش را نچشیده بود و

تشنه، بر لب کوزه، لب گذاشت.

فرارسید سخنی از درون کوزه:

– هان ای بی‌قدر، بر لبِ من، لب می‌نهی؟

قصه حافظ، قصه کوزه «الست» است،

آن‌جا که گفت به ربش: «بلی»

«بلی.»

الا یا ایهالساقی، ادر کاسا و ناولها
که عشق آسان نمود اول ولی افتاد مشکلها
به بوی نافه ای کآخر صبا زان طره بگشاید
زتاب جعد مشکینش چه خون افتاد در دلها
مرا در منزل جانان چه امن عیش چون هر دم
جرس فریاد می دارد که بربندید محملها
به می سجاده رنگین کن گرت پیر مغان گوید
که سالک بی خبر نبود ز راه و رسم منزلها
شب تاریک و بیم موج و گردابی چنین حایل
کجا دانند حال ما سبکباران ساحلها
همه کارم ز خود کامی به بدنامی کشید آخر
نهان کی ماند آن رازی کزو سازند محفلها
حضوری گرهمی خواهی از او غایب مشو حافظ
متی ما تلق من تهوی دع الدنیا و اهملها

گفت:

الا یا ایهاالساقی، اَدِر کاسأ و ناولها

شنید:

که عشق آسان نمود اول، ولی افتاد مشکلها

درخواستی دارد: ای ساقی بر من فرودآر جامت.
از جـامِ می‌ت، بر من بنـوشـان تا برملا کنم، درون جـامت.
بگفت ساقی در جوابش که، خبر داری که از عشق نوشیدنت،
اولِ مخمصه نیست. خمص، سرابیست که نوشیدنی نیست.
عشق از جنس آب است و نوشیدنی ست؛ آبی ست که، مِی، می‌شود.
الله الله، که معجزه در رهست. آبت، مِی است. آسانت نمایند
عشق را، تا بنوشی ازش، ولی نوشیدنت پایانی نخواهد داشت
به کجا چنین شتابان؟

به بوی نافه ای کآخر صبا زان طره بگشاید

زتاب جعد مشکینش چه خون افتاد در دلها

اول و آخرِ عشق، مشکل است و نهایتی برآن متصور نیست؛ تابِ طُرّه جعدش را، انتهایی نباشد. تابِ طرّه جعد، راه بازگشتی ندارد؛ در هزارلایه‌ای برویند و بازنگردیند. تاب آورید و به خون جگر رویند. لازمه آشتی با زمانش، اینست که بروینـد و بـازنگـردیند. آن لازمـانِ بی زمـان، بگشاید دربـی را به رویتـــان: اولش، جَعدِ مِسکین ست، بروبَد با خودش، لایه‌لایه‌های مِسکَنَت‌تان‌و بعد با تابش برویند و نتابید از رفتنتان.

لابه کنند، روندگان ما. به خون روند.

تاب بیاورید: جعدش مشکیـن است، گـرمیِ راهِ روندگـانست.

دلخونند، ولی بِه خوانند:

به تاب جعد مشکینش، چه خون افتاد در دلهـا خوانند و روند؛

این‌گونه، آن همه بی‌تابی، تاب روند.

جز در سایه «آن،» تاب، در تاب نباشد.

«آن،» منزلتی‌ست، خاصِ روندگان.
منزلت، مقامی باشد در خورِ «راه روندگان:»
بنشینی و بنشانی.
«کرامت،» رَه‌آوردِ این مقـام است: از پذیرایی غـافل نیستند،
«راه‌رَوِشان،» «سالک‌آن،» «رونده‌آن.»
آنِ بی زمانِ فرازمانی که، «پویِش،» هدیه است، به روندگانش.

حافظ گفت:

بسیار خوب، گیریم که من رونده‌ام، ولی چگـونه امنیت خاطر مــرا تامیـن می‌کنـی؟ سالک، قـُرص می‌کند زیــر پایش را:

مرا درمنزل جانان چه امن عیش چون هر دم

جرس فریاد میدارد که بربندید محملها

پاسخ گوید ساقی اش:

به مِی سجاده رنگین کن گرت پیر مغان گوید

که سالک بی خبر نبود ز راه و رسم منزل‌ها

با می ات، آگاه می‌شوی از راه ورسم منزل‌ها،

کِی خواهی آمد و کِی بربندی محمل‌ها.

آماده رفتنت باش؛ ولی خودمان آگاهت می‌کنیم.

رازِ تسبیحِ ملکوتآن است، آمادگیِ رفتن.

«آن» ایهامی‌ست در خورِ منزلت. بنشین و بنشان.

حال بچشان: آنِ ملکوت، رآی ست. «آن» مقدمه است برای رآی، فهمِ بصیرتِ آن.

«آن» مخلوطی ست از زمان و بِصارت.

ملکوتت مبارکت‌ای حافظِ شیرازه. شیرازه ملکوتت، در نمکدانت برملاست؛ نمک و نان مسیح را سرکشیده‌ای.

باز گوید به نمکی:

شب تاریک و بیم موج و گردابی چنین حایل

کجا دانند حال ما سبکباران ساحلها

من می‌روم، نه به امید دانسته‌های ساحل نشین‌ها که از دور، دست برآب زده‌اند و بر ساحل تکیه زده‌اند. نمکش دلگشاست: سبک بارانِ ساحل‌ها، آماده رفتن‌اند؛ سبک بالی به ساحل آمده است تا برود یا نرود! نمی‌دانند آنچه، الله، راز گشاید برِشان. الله، داند آنچه بر ذهنِ ساحل‌نشین‌ها است. سبک باری، مقدمه رفتن است، تا آماده برهنگی باشید.

برهنه، برملا است و از پرده عصمت نیفتد در چشم ملکوتیان، اما بربند محمل.

- یا حق!

- الله مددت.

و باز در ادامه گفت به روزی یا شبی برِ الله:

همه کارم ز خود کامی به بدنامی کشید آخر

نهان کی ماند آن رازی کزو سازند محفلها

برهنگانِ الله، بدنامند تا برملا، باشند از بقیه. هم بقیه او را بشناسند و بگویند بدنامست و از پرده برون افتاده. از پرده برون بودن، همان برملا بودنست. همه او را بشناسید، دیگر برهنه است؛ آماده دریا رفتن است، ولی برهنه الله، بیخودست و از پرده عصمت بیرون است تا نگویند ترا، رازی‌ست دگر. آنچه است، در سبدش است، تا نگویند برملانبوده و رفته.

«عصمت،» مقام اولیایی است که نشانه ندارند برخود.

بَری‌اند از هر نشانه‌اش.

کعبه را نشانه گذاشته‌اند تا ره‌گم نشود. برخود نَکِشند، ب نشانه‌هایش؛ َری مانند از هر آنچیزی که نمودار است برای راه، الا به وحی.

کلمه است، نشانشان: احمد، الله، حافظ، رستگار، رمنده. برآن روند که نامشان است؛ واسمه یحیی.خود برنکِشند باخود ابزاری، به سبک باری رسیده‌اند و اسم ندا کنند: یا یحیی. یا رضا. قصه دیوانِ حافظ، اسم است. او حافظ اسامی نباشد، اسامی را حفظ نکنند. اسامی برملاست بر «راه رَوشان.» حافظ، برملاست تا راهی حفظ شده را، نشانتان داده است. از بَر بخوانید راهش را.

ساقی به او می‌گوید:

حضوری گر همی خواهی از او غایب مشو حافظ

متی ما تلق من تهوی دع الدنیا و اهملها

قصه‌ی حضرت حافظ ، از این جا آغاز می‌شود که حضوری خواسته اند و غیبت را، از مرامشان خط زده اند:

هرجا هست با اوست. راهت، ترا نشانه باشد، ای حافظ. اهملهای دنیا، آمده برسرت ولاکِن نبوده‌ای و متی، ترا آمده است و لاکُن تلقی نموده‌ای. رَسَن است، «متی.» نیاویزند برتان، تا آنرا برای خود نگهدارید، بَلکُم، نِگه دارید آن را، برای نفر بعدی. بِه سپارید، به نفر آینده، آید، روزی، به مکانی.

صبرت، لازمه متلقی است. علم لدُنّی ست، متی.